Mohamed El Bachiri

Propos recueillis
par David Van Reybrouck

UN JIHAD DE L'AMOUR

L'appel bouleversant
d'un musulman à la réconciliation

JC Lattès

Titre de l'édition originale :
EEN JIHAD VAN LIEFDE
Publiée par De Bezige Bij

Version française établie par Philippe Noble à partir de l'édition néerlandaise et en collaboration avec Mohamed El Bachiri.

Maquette de couverture : Atelier Didier Thimonier
Photo de couverture : Mohamed El Bachiri © Anton Coene

ISBN : 978-2-7096-6083-9

Première édition septembre 2017.

jihad (subst. masc.)
(arabe *jihād*, effort, combat sur le chemin de Dieu)

1. Effort sur soi-même que tout musulman doit accomplir contre ses passions. (Il est considéré par le prophète Muhammad comme le « jihad majeur ».)
2. Combat pour défendre le domaine de l'islam. (Il est qualifié de « jihad mineur ».)

Larousse

Loubna, mon amour, je me sens tellement seul sans toi.
Plus rien n'a de saveur, plus rien n'a de sens.
Mes rêves étaient les tiens et les tiens étaient les miens.
Vieillir ensemble, main dans la main.
Voir grandir nos enfants dans l'amour et la joie.
C'était pour nous le chemin écrit par Celui qui détient la plume du destin.

Du moins, c'est ce que nous pensions.

Mais pour nous, à notre grand malheur, Il avait d'autres desseins.

C'est dans le drame et la douleur, c'est dans le choc et la terreur
Que nous nous sommes quittés.

Tu étais ma confidente, ma complice, ma meilleure amie.
L'amour de ma vie, la mère de mes enfants, celle avec qui je ne cessais de rire.
Nous étions un couple très sérieux qui ne se prenait pas au sérieux.

Notre histoire reposait sur l'amour, la confiance et le respect.
Amour simple mais fort.

J'avais une perle d'une rareté exceptionnelle.
Elle m'apportait tellement de joie, juste en étant près de moi.
Quelle chance d'avoir une femme aussi belle, aussi intelligente, une femme au grand cœur…
Nous avions toujours protégé nos enfants des guerres et de la folie humaine.
Mais hélas, le pire nous est arrivé.

Face à l'insaisissable, que dire aux enfants ?

Ce jour-là

J'étais en congé.
Elle avait pris le métro.
Une de ses amies est venue me voir.
Elle m'a dit qu'il y avait eu un attentat.
J'ai tout de suite eu un mauvais pressentiment.
J'ai regardé quand elle avait été en ligne.
J'ai vu que sa connexion s'était arrêtée à 9 h 10.
Là, j'ai compris.
Je suis allé chez mes parents.
Enveloppé dans une couverture, je me suis effondré.

Pour le reste, je souffre d'une espèce d'amnésie.
Je suis dans une autre dimension.
Cela seul me permet de vivre.

Le soir

Certains soirs, quand les enfants sont au lit, j'écris sur l'écran de mon portable. Des textes, des phrases qui me passent par la tête. Des poèmes parfois. Écrire, trouver des mots, des mots vrais.

Aujourd'hui, je suis cet homme qui a perdu un empire dont l'étendue ne se mesurait pas à la terre mais à l'amour. Un empire d'amour plus puissant que celui d'Alexandre. Un empire d'amour où le soleil ne se couchait jamais. Désormais, c'est la nuit dans mon cœur.

Un jihad de l'amour

Je suis en manque de toi et écrire l'amour me rapproche de ton radieux visage.

La nuit

C'est au beau milieu de la nuit.
Je descends l'escalier.
Tout tourne.
Où suis-je ?
Le petit s'est réveillé.
Il pleure.
Il a faim.
Il a trois ans.
C'est notre cadet.
Nous en avons trois.
Trois fils. Dix, huit et trois ans.
Nos enfants.
« Mes enfants » maintenant.
C'est dur à dire.

Son nom à elle est toujours sur la sonnette.
Bien sûr. C'est chez elle, ici.
Même si elle ne vit plus ici.
Même si elle ne vit plus.

Elle avait le sommeil léger, moi le sommeil lourd.
Au début de notre mariage, j'ai dû m'y habituer.
On doit s'habituer à plein de choses.
L'ordre, le vivre-ensemble, tout ça.
Moi, j'aimais m'endormir en lisant au lit.
J'ai dû apprendre que la lumière peut déranger.
J'ai dû apprendre à être plus attentif à l'autre.

Maintenant je ne dors plus.
Sans médocs, je n'y arrive pas.
Je ne mange pas grand-chose non plus.
J'ai perdu des kilos, ne me demandez pas combien.
Ma taille, c'était *Medium*, maintenant c'est *Small*.
J'ai dû jeter une montagne de vêtements.

La nuit

Le petit s'est réveillé.
Il pleure.
Tout tourne.
C'est à cause des médocs.
Je tombe.
Je descends.
Je prends le biberon.
Je tombe encore.
Je tombe.
Voilà ma vie maintenant.
Voilà où j'en suis.

Ma voix

Je ne sais pas si je reviens à la vie, la vraie, la vivante.
Je suis là pour mes enfants.
On peut voir en moi un mort.
Un mort qui donne une leçon de vie.

Mes parents

Faut-il parler de ma propre vie ?
Les anecdotes n'ont pas d'importance.
Je n'ai que faire des détails, ceci n'est pas une biographie.
Mais certains éléments peuvent sans doute aider à ouvrir les fenêtres de mon message.

Je suis issu de la première génération d'immigration. Mon père a connu la pauvreté. Il est né en 1940, dans le nord du Maroc, non loin de Nador. C'est la région du Rif. Sa famille a émigré à Oran, en Algérie, alors territoire français, comme beaucoup de familles marocaines le faisaient à l'époque. Après, il est parti en France, puis en Allemagne. C'est en 1963 qu'il est arrivé à Bruxelles, avec un ami, celui qui deviendra plus tard son beau-frère.

La famille de ma mère, elle aussi, était partie travailler en Algérie. C'est d'ailleurs là que ma mère est née, en 1951. Après l'Indépendance algérienne, en 1962, sa famille est retournée au Maroc et s'est installée à Oujda, à la frontière avec l'Algérie.

Mes parents se sont mariés au Maroc, où est née ma sœur aînée. Mes autres frères et sœurs sont tous nés en Belgique. Moi à Berchem-Sainte-Agathe, près de Molenbeek. C'était en 1980. Je suis le sixième d'une fratrie de huit : cinq filles et trois garçons. On a toujours habité Molenbeek. La maison se trouvait square des Libérateurs, tout près du boulevard du Jubilé.

À Bruxelles, mon père a été conducteur de tram, puis il a travaillé dans la manutention. Plus tard, il est devenu commerçant, il a eu une épicerie à Schaerbeek et à Molenbeek. Comme il avait connu des moments difficiles, il nous répétait souvent que c'était une grande chance pour nous d'être en Belgique, un pays qui nous donnait les moyens d'évoluer. L'enseignement nous offrait des perspectives. Nous devions de la reconnaissance à ce pays, tout en préservant notre culture.

La langue

Mon père parlait français avec nous. Ce n'était pas évident, car sa langue maternelle, c'était l'amazigh, ou le « berbère », comme on dit. Mais il tenait au français, pour qu'on le parle bien. Lui, il l'avait appris en Algérie. Plus tard, il a étudié l'arabe dans les livres. C'était un autodidacte. Il a appris l'alphabet pour pouvoir lire le Coran.

Entre eux, mes parents parlaient amazigh. C'était pratique quand ils devaient discuter de quelque chose que les enfants n'étaient pas censés comprendre ! Aujourd'hui, c'est un handicap pour nous. Je suis amazigh, je comprends un peu la langue, mais lorsque je la parle, c'est risible. Mon arabe aussi est approximatif. Quand je vais au Maroc, c'est assez compliqué. J'ai l'accent d'Oujda, donc on pense que je suis algérien.

Mais ma première langue, c'est vraiment le français. Avec mes frères et sœurs, à l'école, à la maison, on a toujours parlé français. Bien sûr, il y a des mots arabes dans notre français. À Bruxelles, on dit *drari* pour un gars et *sahbé* pour un copain. Quelqu'un peut être *h'ché* quand il s'est fait avoir, ou il peut être *hayak* quand il a déconné. Et si quelqu'un met en doute notre parole, on répond *wallah*, « Je te jure. Par Dieu ! »

La foi

Je suis musulman, à la base par héritage culturel et ensuite par conviction.

J'ai hérité de l'islam. L'islam tenait une place importante dans notre famille. Mes parents encourageaient le respect de ses valeurs morales : l'honnêteté, la gentillesse, le sens de l'honneur, l'importance de la parole donnée. Il y avait la prière cinq fois par jour à la maison. Notre père nous y a initiés très tôt, mais chacun en faisait ce qu'il voulait.

On est allés à l'école arabe, où l'on apprenait à lire l'arabe pour réciter le Coran. C'était de la « pédagogie » à l'ancienne, filles et garçons séparés, dans une classe aménagée dans la mosquée du coin. On devait apprendre le Coran par cœur – mais le cœur n'y était pas. On récitait sans comprendre. Dans les années 1980, n'importe qui pouvait s'improviser professeur. Le nôtre était âgé et strict. Il nous donnait des coups de règle sur les doigts. J'y ai eu droit moi aussi. Et puis le plus dur, c'était quand mes copains avaient un tournoi de foot. Donc, l'école arabe, ça n'a pas duré longtemps. Je connais encore quelques sourates, peut-être treize ou quatorze, les plus élémentaires, pour la prière.

Le Coran, c'est de la poésie, c'est magnifique en arabe. Le Verbe et la poésie étaient utilisés par les Arabes comme outil pour dialoguer, pour s'opposer, pour convaincre. C'était beau. C'était un art. La poésie est d'une importance capitale dans cette religion. Dire qu'une seule et même personne, berger à l'origine, puis commerçant, puis mystique, a su découvrir, puis utiliser la force de la poésie pour diffuser sa parole ! On peut critiquer le Coran, mais sa poésie est superbe.

Mon école

Je suis allé à l'école catholique Saint-Joseph-Saint-Rémy, pour des raisons de proximité. Ça se passait très bien. À la fin des années 1980, il y avait là beaucoup d'élèves issus de la communauté marocaine. Bien sûr, on y dispensait des cours de religion catholique et on nous enseignait des valeurs chrétiennes. Mon père disait : « C'est tout à fait comme chez nous, sauf que Jésus n'est pas le fils de Dieu et que nous, on a un Prophète en plus. »

Voilà, c'était simple comme bonjour.

Noël était une période magnifique, avec son esprit de fraternité, de paix et d'amour. J'étais toujours un peu jaloux des autres enfants. Nous, à la maison, on n'avait pas de sapin, pas de cadeaux. Mais on regardait tous ensemble les contes de Noël à la télé. Des films super pour toute la famille. C'était magique.

Je n'ai jamais envisagé de me convertir au catholicisme. Je m'en sentais déjà proche, il y avait une parenté. Nous considérons le Christ comme un prophète antérieur, donc nous avons une part de chrétienté en nous malgré tout. Alors que si j'avais quitté l'islam, je l'aurais ressenti comme une perte. On nous apprenait que le Coran était la parole de Dieu mais que la Bible, le Nouveau Testament, c'était juste un récit.

La miséricorde

Le musulman que je suis a eu la chance de vivre de très beaux moments et de recevoir beaucoup de miséricorde de la part du corps enseignant catholique. L'adulte que je suis aujourd'hui ne peut qu'exprimer beaucoup de tendresse, d'admiration et d'amitié pour la communauté chrétienne. Ces marques d'amour et de bienfaisance ne s'oublient pas.

J'exhorte les musulmans à faire preuve de la même miséricorde envers les différentes confessions ou convictions : chrétiens, juifs, bouddhistes, athées, agnostiques. C'est la meilleure des réponses à ceux qui veulent nous diviser, nous les musulmans d'Occident. Je suis contre le fondamentalisme religieux, qu'il soit le fait des musulmans ou des adeptes de n'importe quelle autre religion.

Dieu pourrait-Il nous en vouloir d'avoir aimé ces créatures qui diffèrent de nous par la pensée ? C'est Lui-même qui a fait de nous des peuples et des nations. Comme il est si bien écrit dans le Coran : « Ô hommes ! Nous vous avons créés d'un mâle et d'une femelle, et Nous avons fait de vous des nations et des tribus pour que vous vous entre-connaissiez[1]. »

1. Coran, Al Hujurat 49 : 13.

Le Coran

Dans le Coran, il y a l'axe vertical d'une vision intemporelle, c'est-à-dire la relation avec l'Être suprême, avec Dieu. Ensuite, il y a certains passages qui concernent les lois et se placent sur un plan horizontal. Là, il est indispensable de contextualiser en faisant preuve de rationalité : il s'agit de textes du VIIe siècle.

L'islam s'adresse à des gens raisonnables. Dans certains textes, on dit même « aux gens doués d'intelligence[1] ». C'est ce qui nous dif-

1. Coran 39 : 18.

férencie de l'animal, comme disait Aristote. Nous disposons de la raison qui nous permet de penser et cette pensée est un don divin. Le problème, c'est qu'on peut parfois être intelligent sans être raisonnable. Il faut essayer de concilier les deux !

Il y a d'une part le Prophète mecquois et de l'autre, le Prophète médinois. Le Prophète mecquois est un mystique avant tout, son message est comparable à celui du Christ : nous devons nous tourner vers Dieu. « Le plus noble d'entre vous auprès d'Allah est le plus pieux[1]. » Mais à Médine, où il s'était réfugié, on lui a demandé de négocier entre les différentes communautés religieuses : les juifs, les chrétiens, les musulmans et les païens. Comme il avait la réputation d'être juste, il s'est retrouvé chef malgré lui.

Imaginons que le Christ, avec son magnifique message, se soit retrouvé chef de tribu ou d'État. Est-ce que son message aurait été le même ? Est-ce que sa vision aurait été

1. Coran 49 : 13.

identique ? Quand on doit faire de la politique, tout devient plus concret, plus terre à terre.

Le Prophète a dû opérer dans un contexte historique spécifique, dans un monde où l'esclavage était encore largement répandu et où avoir une fille était presque une malédiction. Or, il a beaucoup œuvré pour l'émancipation des esclaves et il a défendu la cause des femmes. Il est resté humaniste et féministe jusqu'à sa mort. C'était un Prophète très ouvert et en dialogue avec son temps.

Mais il est évident, et impératif pour nous, musulmans de bon sens, de considérer les passages guerriers du Coran comme des récits historiques du VIIe siècle. Ils ne peuvent en aucun cas être universalisés ni jamais, au grand jamais, utilisés pour porter préjudice à autrui.

Agissons avec le cœur et la raison ! Tuer ou faire la guerre n'a rien de spirituel ou de transcendant. Cela relève plutôt des relations entre les hommes, et concerne des territoires que l'on protège ou envahit. La victoire militaire est-elle une victoire pour Dieu ? Les cris de douleur des hommes agonisants sont-ils une symphonie à la gloire de Dieu ? Qu'y a-t-il de religieux dans le fait qu'une population en décime une autre ?

Maudite soit la guerre !

La réflexion

Ainsi, les musulmans allaient au paradis, mais pas les autres ? Donc des incroyants, des personnes gentilles, comme mes institutrices, étaient vouées à l'enfer ? Je ne comprenais pas. Et, de fait, je ne comprends toujours pas.

À l'école primaire, on nous parlait de mère Teresa. Elle qui a donné toute sa vie aux autres, qui a œuvré pour les autres tout en négligeant sa propre vie, elle aussi irait en enfer ? J'ai posé la question à mon père. Il m'a répondu : « Les gens comme elle ne vont pas souffrir dans la tombe. Mais comme ils ne sont pas musulmans, ils n'iront pas au paradis. » J'ai trouvé cela injuste. Pourquoi pas elle, alors que monsieur Tout-le-Monde, sans être philanthrope, trouvera les portes du paradis grandes ouvertes par le simple fait d'être musulman ?

La réponse de mon père m'a interpellé, mais je ne voulais pas être le Che Guevara de la famille. Mon père se limitait au discours de l'imam et je le comprends. Sa priorité, c'était de faire grandir ses enfants, de concilier notre religion avec les valeurs du pays, et non pas de mener des discussions philosophiques et théologiques à n'en plus finir.

Mais dans mon entourage, dès que l'on se pose une question, la réponse, encore aujourd'hui, est souvent : « Tu n'as pas assez de science et de connaissances pour donner ton avis. » Je ne suis pas d'accord. Chacun de nous a une capacité de réflexion, une intelligence qui ne nécessite pas forcément une grande connaissance pour poser des questions pertinentes. Certains sont peut-être des puits de science mais, au-delà, manquent d'ouverture d'esprit.

Or, l'ouverture d'esprit n'est-elle pas plus importante que la science en soi ?

La faculté de réflexion est un don de Dieu. Il faut s'en servir, il faut l'honorer. Tant de gens ont développé des idées intéressantes qui ont fait avancer l'humanité, c'est un miracle divin. Balayer cela d'un revers de main pour la simple raison que ce n'est pas islamique, c'est vraiment manquer de respect au reste de l'humanité et passer à côté de plein de belles choses.

La curiosité

Pour moi, la sagesse commence par la curiosité.

J'ai toujours été curieux de l'histoire de l'Occident et de l'Orient. J'ai toujours eu cette envie d'apprendre, de rencontrer. À l'école, j'étais un élève plutôt moqueur, plein d'humour et de malice. Comme j'aimais faire des blagues quand il fallait travailler et être sérieux, j'ai eu des retenues, bien sûr. Mais j'aimais les cours d'éveil, on parlait de l'espace, de l'histoire, des Gaulois. Je regardais les dessins animés fondés sur la mythologie grecque, j'étais fan des bandes dessinées d'*Astérix*.

Éveiller la curiosité à cet âge-là, chez de jeunes enfants, c'est inviter l'homme à connaître l'autre.

Je suis vraiment passionné d'histoire. L'Antiquité, le Moyen Âge, la Renaissance, le colonialisme. Et par là, je veux dire une histoire sans jugement : le fils n'est aucunement responsable de la faute du père. Mais l'Histoire doit être connue et reconnue par tous pour que l'on puisse avancer ensemble.

L'avenir ? L'avenir commence avec l'Histoire.

L'Histoire

Pour l'essentiel, les musulmans ne connaissent pas l'histoire de l'islam. Mais la pensée humaine va de l'avant. L'islam est une religion qui a été pensée, repensée, et qui va continuer à l'être, c'est une évidence. C'est en connaissant notre histoire qu'on apprend qu'il y a eu toutes sortes de divergences, d'ouvertures. Le Bagdad du xe siècle, c'est incroyable. Les savants analysaient la pensée grecque, indienne, perse…

L'islam n'est pas un. Il est pluriel.

Mais aujourd'hui, beaucoup de musulmans éprouvent cette crainte de se perdre. « Ne te pose pas trop de questions ! Tu vas te perdre ! » Cela montre à quel point les gens sont peu sûrs de leur foi. Certains auraient même tendance à croire un imam juste en fonction de la longueur de sa barbe. Mais la pilosité au niveau du menton n'est quand même pas signe de sagesse, soyons sérieux ! Si tu es sûr de ta foi, tu peux aller très loin, tu te retrouveras toujours.

L'Histoire des religions en Europe a été très violente. L'Inquisition, la Réforme, les guerres, le schisme… J'ai beaucoup de respect pour Martin Luther, il fallait être fort pour s'opposer à l'Église ! Au péril de sa vie, mais il l'a fait parce qu'il était très pieux et très dévoué. Quand il a vu le contraste entre « la place des pauvres au royaume des Cieux[1] » et le faste du Vatican, quand il s'est rendu compte du trafic des indulgences… il s'est posé quelques questions tout à fait pertinentes.

1. *Les Béatitudes*, Mathieu 5:3.

La confiance en soi

Parmi mes amis, dans mon entourage, j'ai le sentiment qu'il y a un manque de confiance en soi. On a peur de se tromper dans sa réflexion, dans sa pensée.

Moi aussi, j'ai connu ce sentiment. Petit, je croyais sincèrement que les filles blondes étaient supérieures aux brunes : j'avais, de toute évidence, des complexes quant à ma couleur de peau. Et puis, nos parents nous faisaient comprendre que nous étions redevables de quelque chose à la Belgique. Il y avait toujours le sentiment de cette espèce de dette envers le pays qui nous avait accueillis

– alors qu'on n'avait vraiment pas choisi de naître ici plutôt qu'ailleurs !

J'avais six ans quand je me suis fait traiter pour la première fois de « sale Marocain », par un voisin d'origine grecque, qui m'a lancé ça du balcon d'en face. C'était pour rigoler, mais cela m'a marqué. Je suis rentré et j'ai fermé la porte-fenêtre du balcon. Depuis, on me l'a redit quelques fois. Mais l'avantage à Molenbeek, c'était qu'on était entre nous. Les Belges de souche avaient commencé à fuir, ils n'étaient plus très nombreux. On avait des voisins flamands, ils ne nous ont jamais dit bonjour. Mon père disait qu'ils étaient racistes, il avait cherché à leur parler. Mais j'imagine qu'ils devaient être choqués de cette vague d'immigration subite. Et je les comprends. Le changement, ça fait toujours peur.

Je n'avais pas d'outil à ma disposition pour répondre à l'insulte « sale Marocain ». À l'école, on ne nous disait pas que la Belgique avait besoin d'immigrés. Ça m'aurait permis de répliquer : « Hé, dis donc, c'est bien ton pays qui a invité mon père à venir travailler ici ! » Au lieu de me sentir sûr de moi, j'avais plutôt le sentiment de me situer en dessous des autres, d'avoir une dette envers eux.

Bien sûr, à l'adolescence, on remet tout en question. Pourquoi éprouverais-je de la reconnaissance vis-à-vis d'un pays où je suis né comme tous les autres mais où on me traite de « sale Marocain », alors que c'est ce même pays qui a demandé à la génération de mon père de venir ici ?

De l'école au monde du travail

Dans l'enseignement secondaire, j'étais un très mauvais élève. Les maths me rendaient malade, j'avais vraiment une phobie des maths. J'ai suivi la filière générale. Pour nos pères, prolétaires et ouvriers, il fallait absolument être admis dans la filière générale. Le rêve de papa, c'était qu'on fasse des études, pour devenir avocat ou médecin. Mais les profs ne nous transmettaient pas cette envie, cette passion d'apprendre. J'ai redoublé ma troisième et ma cinquième année[1], puis j'ai

1. Equivalant respectivement à la quatrième et à la seconde dans le système français. (*N.d.T.*)

quitté l'école à dix-huit ans sans avoir terminé ma scolarité. Mes parents n'étaient pas contents, mais je leur ai annoncé la chose prudemment. J'ai dit à mon père que j'allais peut-être me réorienter vers autre chose. Finalement, je suis passé directement de l'école au monde du travail. En tant qu'intérimaire d'abord, j'ai travaillé de nuit à Brucargo, le centre de fret de l'aéroport, dans le tri du courrier chez TNT. Ça m'a permis de voyager, à travers le courrier. Sur les enveloppes, il y avait plein de destinations, vers tous les pays du monde.

La rencontre

Un jour, elle est entrée dans le magasin.

J'étais devenu vendeur de téléphones portables dans un magasin du côté d'Anderlecht. Elle est venue acheter un GSM. Je me souviens de notre rencontre, de ses yeux. Il n'y a pas eu de jeu de séduction. J'étais juste intéressé et curieux. J'avais envie de faire la connaissance de cette personne, qui me paraissait très belle et très intelligente. Ce n'était pas une beauté recherchée, mais une beauté naturelle, sans artifice. C'était le reflet de ce qu'elle était à l'intérieur.

J'avais vingt-trois ans.

Elle avait un visage magnifique, de grands yeux, un très beau nez, une très jolie bouche sublimée par un sourire magnifique qui se terminait par deux fossettes. Sur son visage, on pouvait lire tout l'amour, toute la bonté qu'elle dégageait.

Loubna…

La relation

Je lui avais laissé mon numéro, à vrai dire sans réel espoir, mais elle m'a contacté quelques jours après. La première fois, on est allés boire un verre aux Halles Saint-Géry. Il faisait chaud.

Elle venait de terminer ses études pour devenir prof d'éducation physique. Elle avait neuf mois de moins que moi. Par la suite, je l'ai vue assez souvent. C'était une fille très intelligente, très ouverte d'esprit, ce qui allait bien avec ma propre mentalité. Pourtant, moi, je suis du Rif, du nord du pays, où les gens ont tendance à être plus fermés, alors qu'elle venait de Salé, à côté de Rabat, où les gens sont souvent plus ouverts. Mais, dès le début, le courant est bien passé. Elle aussi était musulmane, mais elle ne portait pas le voile car elle considérait que ce n'était pas indispensable à son cheminement.

Elle habitait Schaerbeek. Six mois après, on s'est fiancés. On a officialisé auprès de la famille. Mes parents sont allés chez les siens, pour demander sa main. Pour ma mère, c'était difficile d'accepter mon départ.

Le 20 novembre 2004, on s'est mariés à la Maison communale, et quelques semaines plus tard, on a fait une fête où tout le monde était invité. Après le mariage civil et la bénédiction par l'imam, on s'est installés dans un appart à Schaerbeek. Ce n'était pas loin de son travail, à l'école islamique Al-Ghazali[1]. Il n'y avait pas beaucoup de filles qui donnaient des cours de gym.

1. Établissement confessionnel islamique (école maternelle et primaire) subventionné et contrôlé par la Communauté française, situé dans la commune bruxelloise d'Etterbeek.

Vivre ensemble

Les débuts de notre vie de couple se sont bien passés, mais il a fallu trouver ses repères dans la cohabitation. Moi, par exemple, j'adorais faire la cuisine mais j'avais pour cela besoin de vingt casseroles. Le repas était bon, mais on avait l'impression qu'il y avait eu un typhon dans la cuisine. J'étais beaucoup plus « bordélique » qu'elle. Je suis Diogène de Sinope. Elle était très organisée. Il me fallait apprendre à canaliser mon énergie.

Il fallait aussi apprendre à communiquer. Puis un jour, j'ai lu *Les hommes viennent de Mars, les femmes viennent de Vénus*. Ce livre a été pour moi une révélation. Nous, les hommes, on est parfois à côté de la plaque, on ne voit pas toujours ce que les femmes veulent dire. Par exemple, quand on perd son chemin, l'homme gère et suit les panneaux. Mais la femme lui dit de tourner par là et par là, et l'homme se dit : « Mais qu'est-ce qu'elle s'imagine ? Que je ne sais pas m'orienter ? » Il le vit comme une humiliation dans sa virilité. Alors que dans la tête de la femme, c'est juste : « Je l'aime, je vais l'aider. »

Il y a des couples où l'homme veut à tout moment prouver à la femme de quoi il est capable, en oubliant l'essentiel. Parfois, la femme a juste besoin d'une présence, d'une écoute, d'une attention, pas forcément de quelqu'un qui essaie de lui offrir le monde entier.

Je suis vraiment pour un rapport égalitaire entre l'homme et la femme, c'est une source de richesse. Mais on ne peut pas nier l'existence de cette sensibilité, de cette perception différentes. Il y a toujours ce travail à faire de compréhension, de connaissance de l'autre.

L'amour, c'est le fruit d'un travail, mais oui. Et ça s'entretient, comme la foi.

Les premiers mois, on se disputait pour des broutilles. Après, les disputes ont pratiquement disparu. Entre Loubna et moi, c'était vraiment paisible. On était très complices, très fusionnels. On partageait la même vision du monde, des choses, de l'islam. On partageait le même amour des autres.

Derrière tout ce que je dis, c'est quelque part Loubna qui parle.

Et puis, on s'encourageait mutuellement dans nos projets. On s'appelait tous les jours du travail, pour savoir comment l'autre allait. Moi, j'étais devenu conducteur de métro. Je travaillais de midi au soir dans ce Bruxelles souterrain, mais aux pauses, on s'appelait. On était comme de grands enfants. On se faisait tout le temps des farces et des blagues. Un jour, j'ai remplacé le numéro d'une de ses copines dans son portable par le mien et quand elle a appelé, je me suis fait passer pour cette amie. Ou bien j'imitais la voix d'un vieux Marocain, ou l'accent africain. On n'a pas arrêté de rire pendant ces douze ans.

Le mariage

Son regard posé sur ma personne me rendait plus beau, plus riche, plus grand. J'étais très heureux, très épanoui, j'étais bien. J'étais le plus fortuné des hommes. Quel bonheur d'être accompagné par une personne agréable. J'étais très fier de ce qu'elle était mais sans être ostentatoire. C'était ma copine, pas mon trophée. C'était ma meilleure amie, ma confidente. En termes de couple, j'étais un homme comblé. Du point de vue de l'islam, on dit que le mariage c'est la moitié de la foi. Je disais toujours, pour plaisanter : « Et l'autre moitié, c'est le divorce. » Dans le Coran, Dieu parle des bienfaits du mariage.

Pour moi, c'était :

J'aime donc je vis.
J'aime donc je suis…

Naissances

J'étais là quand les enfants sont nés. C'étaient les plus beaux moments de ma vie. En même temps, c'est tellement douloureux d'y penser aujourd'hui.

Sur les attentats

Il me laisse complètement froid, ce type-là.

La bonté

Comment évoquer l'amour sans parler de Loubna ?
Cet être exceptionnel, d'une beauté inégalable et d'une bonté infinie.
Un rêve éveillé en compagnie de ma moitié, à jamais dans mon cœur.
Symbole d'amour, de beauté et de jeunesse éternelle.
La meilleure des femmes pour le mari que j'étais.
Son admiration pour les plus belles choses de la terre.
Son aversion pour la violence et la guerre.

La bonté

Son indépendance, son enthousiasme, sa générosité.
La belle et douce Loubna était l'incarnation du bien et de la beauté sur terre.

Comment parler de l'amour sans mettre en avant la femme ?
Femme engagée qui faisait bouger les femmes et estimait que leur émancipation passait par le sport…
Femme dévouée à ses enfants, une mère courage, pleine de tendresse pour ses trois garçons.
Femme de cœur, toujours présente lors des événements caritatifs.
Femme qui a conquis le cœur de tous ceux qui ont croisé son chemin.
Quel gâchis !

Par la grâce de Dieu, ton homme te rejoindra au firmament pour une étreinte et une danse, sous une pluie d'étoiles qui illuminera à nouveau ton visage d'ange.

Les enfants

J'ai dit aux enfants que maman était au ciel, que des méchants avaient mis une bombe dans le métro et que pour la protéger, Dieu l'avait prise et emmenée au ciel.

Ils trouvent la vie moche, clairement. Une maman qui dit au revoir, qui fait des bisous, qui part au travail, et tout d'un coup, plus de maman. Ils n'ont rien compris. Ils n'ont plus vu leur maman que dans le journal.

Mes enfants, maman est partie mais ce qu'elle laisse derrière elle est impérissable, et ne disparaîtra qu'à la fin des temps. Son message traversera les générations futures et sera plus fort et fera plus d'effet que toutes les armes destructrices.

Fraternité

Je dis aux enfants :
« On est tous frères.
— Alors, celui qui a fait ça, c'est notre frère ?
— Oui, c'est aussi notre frère mais il a choisi une mauvaise voie. C'est notre frère en humanité, même s'il a commis le pire. »

Eux sont en colère, ils ont envie de vengeance. Je leur dis : « Tuer quelqu'un ou réagir violemment, c'est commettre les mêmes fautes que lui. Et c'est finalement se mettre à son niveau. Vous valez beaucoup mieux. »

La vengeance

Une mère à la mer, emportée par le flot de la haine des hommes.
Je me retrouve seul capitaine d'un bateau avec ses trois matelots, en plein milieu d'un océan de tristesse.
Le vent souffle fort, prononçant ton doux prénom, et nous mène vers l'inconnu.
Sans toi, je suis déboussolé et la vie a perdu toute saveur.

« Mes enfants, ce n'est pas la colère de Poséidon que nous subissons.
Mais il s'agit bien là d'un dieu inconnu qui répand la haine et la violence.

Qu'avons-nous fait pour mériter cela ?
Nous n'avons pas assiégé Troie et encore moins profané les temples sacrés.
Mes enfants, que réclamez-vous ?
Vengeance ? »

« Cher père, vouloir vengeance c'est aller dans le sens de ceux qui ont tué maman. Je propose plutôt de prier pour son salut et celui de l'humanité. Cela sera la meilleure manière de l'honorer.
— Comment oses-tu parler en notre nom, grand frère ? Appeler à prier pour son salut et ne pas réagir ? Ne pas faire payer ceux qui ont tué maman ? Je te reconnais bien là !
— Petit frère, depuis toujours, tout est prétexte à user de la violence mais, cette fois, nous devons faire preuve de sagesse !
— Au diable la sagesse ! Que la colère me donne le courage d'affronter ces maudits, qui nous imposent leur dieu et leur mode de vie ! Qu'on lève une armée pour anéantir ces fous emplis de rage. Je prierai pour que quelqu'un nous mène sur le chemin de la gloire. Et une fois nos ennemis vaincus, je ferai régner la paix et la justice.

— Parler de paix en levant le glaive, prôner la justice en faisant couler le sang. C'est à cela que nous sommes réduits ? Je vais envoyer quatre colombes, une dans chaque coin de la terre pour répandre l'amour, notre seule réponse à la haine. Et toi, tu les accompagneras, mon cadet, tu les protégeras, mon petit faucon pèlerin. »

La peine de mort

Abolir la peine de mort sans craindre que l'ordre social n'en soit affecté, c'est finalement respecter et faire honneur à la plus belle des créations de Dieu, l'homme. La peine de mort n'est rien d'autre qu'un crime approuvé et consenti par une société.

Le cœur

Baigner dans l'amour, être emporté par le fleuve de la vie : rien ne justifiera la haine, rien ne mènera à la haine.
Même les pires des épreuves, les plus grosses déceptions, ne nous autoriseront pas à nous laisser séduire par un discours, une idéologie qui appelle à la haine de l'autre et à sa destruction.

Avançons avec le cœur et la raison, avec une conviction, religieuse ou non…
Exploitons cette ressource inépuisable qu'est l'amour, une ressource issue du cœur et non du sol.

Les terroristes

« Si tu crois que tuer des innocents et créer d'autres drames, c'est finalement faire justice pour toi, et si cette justice est en outre celle de Dieu, alors nous n'avons pas la même religion, toi et moi. »

Voilà ce que je lui aurais dit.

Par la compréhension, par l'écoute, on aurait pu parler des injustices dans le monde. Il y aurait eu des divergences claires entre ma vision et son interprétation manichéenne de l'islam. Le problème, avec ces gens-là, c'est que, chez eux, tout est construit sur un discours de haine, une haine que je n'éprouve pas. Ils ont perdu leur humanité et déshumanisent les autres.

On ne répond pas à une injustice par une autre injustice, ça n'a aucun sens. On peut être complètement perdu, paumé, mais ça ne justifiera jamais le pire, ni même la haine.

Des jeunes, j'en ai vu partir de mon quartier, ce n'étaient pas forcément des délinquants, c'étaient des types plutôt gentils, introvertis, des faibles, certainement. Quand je dis qu'ils constituent un « terreau fertile », c'est parce que ce ne sont pas toujours ce qu'on appelle des « lumières ». Ce sont des gens à qui on promet la gloire, le paradis. Mais là, on nous appelle à la guerre, avec une idéologie nihiliste, dans un but nihiliste. On peut être contre un système, on peut ne pas être d'accord, on peut critiquer le capitalisme, la société, on peut s'indigner, mais jamais en tombant dans la violence, en semant la mort.

Comment trouver l'apaisement de l'âme, le réconfort auprès du divin en commettant l'acte déshonorant qui détruit non seulement une vie innocente, mais également ce qu'elle laisse derrière elle ? L'idée de rechercher l'amour et la grâce divine dans la haine de l'autre me dépasse, et va à l'encontre de toute logique : haïr pour se faire aimer, tuer pour son salut ?

Je ne comprends pas qu'on réponde aux injustices du capitalisme mondialisé par cette espèce d'obscurantisme islamique. Retourner aux débuts « harmonieux » de l'islam ? Mais c'est oublier que trois des quatre premiers califes furent assassinés. Vouloir réaliser une utopie du jour au lendemain ? Cela amène toujours de la destruction. Vivre comme au Moyen Âge ? Avec WhatsApp ?

Molenbeek

Tu veux quitter Molenbeek ? Très bien, mais ne te contente pas d'aller en Syrie. Va aux quatre coins du monde, vois comme le monde est beau, découvre d'autres civilisations. Et si tu vas à Damas, la ville dont Ibn Battuta disait que c'était le paradis sur terre, vas-y pour l'admirer, pas pour la détruire.

Il y a de réels problèmes sociaux à Molenbeek. C'est une commune à forte population d'origine marocaine où le chômage est très élevé. Mais le Molenbeek des médias me fait plus peur que la commune que je connais. On se croirait à Kaboul !

Pour moi, Molenbeek, c'est la commune où j'ai grandi et où j'ai été heureux. C'est la commune aussi où, après la mort de Loubna, j'ai reçu la sympathie, la gentillesse et les sourires de toutes les générations confondues, que ce soit des croyants ou des moins croyants, des barbus ou des jeunes qui traînent aux coins des rues. J'ai reçu l'aide des citoyens, de mes collègues, des collègues de Loubna. Dans la communauté musulmane, il y a encore une vraie solidarité. Molenbeek, c'est aussi une commune où les associations de femmes sont très actives. Et où moi, je continue à aller jouer au foot.

Le Maroc

Quelques jours après les attentats, on nous a remis le cercueil. À la grande mosquée de Bruxelles, la mosquée du Cinquantenaire, la prière a réuni cinq cents ou mille personnes. Le lendemain nous sommes partis pour le Maroc. Loubna est enterrée à Salé, la ville de son père.

Les prières venaient du monde entier, de tous les Dieux, c'était magnifique, une énergie positive et puissante. Ce n'était que de l'amour, une force, une religion même. La religion de l'amour.

Mon appartenance à deux pays, c'est une chance dans mon malheur. Je suis un enfant de Bruxelles, mais je me suis aussi senti soutenu par le Maroc. À Bruxelles, nous avons été reçus par le roi Philippe et la reine Mathilde, avec les autres familles des victimes. Une très belle rencontre, où le roi des Belges a exprimé beaucoup d'empathie. C'était comme si sa propre famille avait été touchée.

Au mois de juillet, j'ai reçu un appel d'un membre du cabinet royal du Maroc. Il nous a invités. C'était un immense honneur. L'hôtel et les billets d'avion étaient pris en charge. Avec mes trois enfants et ma belle-mère, nous avons rencontré sa majesté le roi en privé dans son palais. C'était juste incroyable. On était dans les *Mille et Une Nuits*. L'architecture, le protocole…

Le roi m'a mis à l'aise. Mes enfants étaient turbulents, il m'a dit « je comprends, j'ai aussi des enfants ». Il était tellement humain. Il m'a dit que j'étais un bon père et qu'il se sentait responsable de mes enfants. Je ne sais pas très bien ce que cela veut dire concrètement, mais de la bouche du roi, c'étaient des mots très forts pour un père complètement abattu. Je me suis senti remis sur pied, relevé.

Ce qui m'a le plus ému, c'est qu'il se soit dit très touché par la mort de Loubna, qui, pour lui, était un modèle d'intégration. Le fait qu'elle ait pu toucher les cœurs jusqu'aux plus hautes sphères continue à me paraître tout à fait incroyable. Entendre dire que mon épouse était un modèle d'intégration, c'était pour moi un moment unique, très fort. Ces paroles du roi m'ont inspiré énormément d'amour pour lui. Il n'était pas obligé de les prononcer.

Il me semble qu'il y a tout de même une nette différence entre l'islam marocain et l'islam d'Arabie saoudite. Chez nous, le roi est le garant de traditions séculaires. Parmi ces traditions, il y a la tolérance. À un moment donné, au Maroc, j'étais à table avec un juif marocain. C'était naturel, il était marocain à part entière.

Notre identité marocaine, a dit encore le roi, c'est d'être de bons citoyens, partout où nous vivons. C'est ça, faire preuve de marocanité. Promouvoir le vivre-ensemble. Voilà pourquoi je vais me consacrer à pérenniser l'amitié entre ces deux peuples chers à mon cœur :

Je suis lion de l'Atlas et lion de Waterloo,
porté par l'amour et par la grâce du Très-Haut.
Puissent l'amitié et la fraternité
entre ces deux royaumes chéris perdurer,
aussi longtemps que le Titan figé.

Deux pays

Ce qui me plaît beaucoup en Belgique, c'est la *belgitude*. Le fait de ne pas se prendre trop au sérieux. Ça me convient ! À l'étranger, on me dit que le Belge est sympa. Plus de joie de vivre, moins de chauvinisme que chez les Français. La Belgique, dans l'Histoire, c'est un pays bâtard, sans que ce mot soit péjoratif. On est vraiment à l'intersection de plusieurs cultures et, dans ce mélange, on peut se retrouver soi-même. J'aime cette partie du monde qui m'a vu naître et qui m'a permis de devenir ce que je suis aujourd'hui.

Ce qui me plaît au Maroc, c'est la qualité de vie. Il y a moins de frustration, moins de colère. Là-bas, les jeunes sont beaucoup plus calmes et plus polis que les jeunes Marocains de Bruxelles. Quand un cortège funèbre passe dans la rue, tout le monde se lève avec respect. La mort n'y est pas cachée. Il y a un autre rapport à la mort. Après le cortège, tout le monde prend conscience de ce privilège qu'est la vie, de l'importance de continuer à sourire, malgré tout.

Le gouffre

Même le plus pieux des hommes traverse des doutes. La foi, ça s'entretient. Parfois on est au bord du gouffre du doute.

J'avoue que ce sont les paroles du roi qui me tiennent debout. Pour le reste, je suis dans le flou total, je n'ai aucune perspective. Je ne travaille pas, je n'ai pas repris mon emploi au métro, je ne vois plus mes collègues. Ce sont des souvenirs d'une autre époque. Ils me ramènent à la vie avec Loubna.

C'est tellement juste, ce que disait Khalil Gibran dans son magnifique ouvrage *Le*

Prophète : « Et il en a toujours été ainsi de l'amour, il ne connaît sa véritable profondeur qu'à l'instant de la séparation. »

Aimer – et ne pas oublier de le répéter aussi souvent que possible à ceux qu'on aime.

Les enfants parlent tout le temps de leur maman. C'est à travers leur sourire que je trouve encore de la force et du sens. Mais le défi, c'est de leur dire que le monde est beau, que les gens sont bons, malgré ce qui nous est arrivé. Je dois faire preuve de stoïcisme pour continuer. Si je m'écroule, c'est fini.

L'essentiel

Ce qui est essentiel, ce n'est pas l'histoire de Loubna et de Mohamed. C'est une histoire d'amour parmi tant d'autres. L'essentiel, c'est plutôt Loubna, qui s'en va dans des conditions incroyables, impensables, et ce qu'elle laisse derrière elle. Le fruit de l'amour – ses enfants –, notre amour éternel et un message puissant.

Loubna, c'est mon Hélène de Troie. Mais elle ne provoque pas la guerre, elle répand l'amour, même après sa mort. C'est une princesse éternelle qui vivra à travers ce message de paix, ce message d'amour. Tout le monde meurt, mais ce n'est pas donné à tout le monde de donner un sens à sa mort, de laisser une trace.

L'appartenance

Amour vertical émanant du Tout-Puissant pour ses créatures, amour horizontal que l'on se doit de diffuser vers toute l'humanité.

Lorsque je croise une personne d'une autre croyance qui se laisse porter par l'amour, j'ai le sentiment que nous professons la même religion. Cela rejoint un peu ce poème que j'ai lu il y a longtemps. C'était un poème de l'imam Al-Ghazali, je crois, ce grand mystique dans l'histoire de l'islam : « Va au bout de ta religion, tu rencontreras celle des autres ! »

À l'heure de la mondialisation, il est important de connaître sa propre culture, sa propre histoire, mais également celle des autres. Au-delà de tout ce qui nous divise et nous sépare, il y a l'essentiel, ce qui unit les êtres différents qui peuplent la Terre, les Noirs, les Blancs, les juifs, les bouddhistes, les musulmans et les athées.

L'Histoire nous montre que la cohabitation est possible. Juste après la mort du Prophète, les musulmans de Damas n'avaient pas encore de lieu de culte mais ils pouvaient prier dans l'église des chrétiens. Au temps de la Réforme, les anabaptistes, regardés par l'Église comme des hérétiques, considéraient les Turcs comme leurs frères. Au Vatican, haut-lieu de la chrétienté, Raphaël peignait une fresque montrant le grand savant Averroès, le philosophe musulman qui a permis la transmission de la majeure partie de la pensée aristotélicienne à l'Occident. Il n'y a pas de « choc des civilisations ».

L'appartenance à un peuple, c'est beau, mais au-delà et au-dessus, il y a l'appartenance à l'humanité. Chaque enfant doit avant tout apprendre qu'il appartient à ce monde. Afin qu'il puisse s'identifier à tous les grands personnages de l'Histoire. Qu'il puisse aimer Aristote, Platon, Roumi, Sun Tzu, Confucius, Mère Teresa... Qu'il puisse s'identifier à chacun d'eux, parce qu'il est aussi chacun d'eux. Eux, c'est lui aussi. C'est nous.

Le fait d'être cosmopolite, c'est une culture en soi qui vient s'ajouter à la culture locale, sans la remplacer. Je viens avec ma culture, mais pas pour dénigrer la culture de l'autre. J'ai envie de dire : « Parle-moi de toi, homme d'une contrée lointaine. Raconte-moi l'histoire de ton peuple. Elle m'intéresse, non pas pour te juger, mais parce que ton histoire est la mienne aussi. »

On peut perdre sa culture, sa foi, son pays, mais on ne peut pas perdre son humanité.

L'éducation

Il faudrait faire de la diversité la normalité, dès la petite enfance, en mettant en avant l'importance de la citoyenneté et en reconnaissant nos différences. L'assimilation n'a pas de sens. L'inverse, le retranchement dans sa communauté, non plus. Une communauté, c'est une porte, pas un rempart.

Il est important d'apprendre aux jeunes à exprimer leurs émotions. L'art et la poésie pourraient jouer ce rôle. En effet, à travers l'art et la poésie nous permettrions à nos jeunes de développer leur sensibilité artistique, qui est intrinsèquement liée à l'amour des belles œuvres et de la beauté en général.

Incitons nos jeunes à exprimer de la plus belle des manières leur amour pour leurs parents, leurs frères, leurs sœurs, leur partenaire mais également pour l'inconnu qui passe, et qui n'est autre qu'un frère en humanité.

Proscrire la musique, l'art et la poésie, c'est priver l'homme de l'écoute, de la vision et du ressenti de ce qui peut éclore de plus beau en chacun de nous.

Le jihad

Je jure de répondre à cette injustice, et en hommage à ce qu'était et sera à jamais Loubna, par la considération, l'admiration et l'amour pour tous mes frères et sœurs en humanité, peu importe leur religion, leur croyance, leur origine ou leur orientation sexuelle.

Dans l'épreuve que je traverse, je me sens plus « jihadiste » que le plus grand des guerriers. Je suis un jihadiste de l'amour. Ne me demandez pas de haïr, plutôt mourir !

En arabe classique, le mot jihad veut dire « effort ». Le jihad a été utilisé pour motiver les troupes, pour faire la guerre. Dans ces cas-là, c'était pour servir la cause de Dieu. Et aux yeux d'un fidèle, il n'y a pas plus belle cause que celle de Dieu. Mais à l'origine, je le répète, le jihad c'est « l'effort ». C'est le sens premier, l'effort sur soi-même, sur ses passions, ses pulsions.

Un vrai jihadiste, c'est quelqu'un qui ne se met pas en colère, quelle que soit sa situation. Il pourrait ressentir de la colère, mais c'est tellement facile de frapper l'autre ou d'user de violence. C'est la réponse la plus bête. Le vrai jihadiste est dans l'effort pour se trouver lui-même, il est dans la réflexion. Il fait l'effort de rechercher la connaissance, il fait l'effort d'aller à la rencontre des autres, même s'ils ne sont pas toujours très accueillants. Le jihadiste ne perd pas courage, il garde le sourire et reconnaît l'humanité en l'autre.

Le Prophète ne cessait de répéter : « Ne te mets pas en colère[1]. » Il donnait même des

1. Hadîth, voir : « sahîh al-djâmi'. », n° 7374. Ibn Hadjar l'a attribué à at-tabarânî, voir : « al-fath. », 4/465)*.

conseils d'apaisement : « Si l'un de vous se trouve en colère, qu'il s'assoie s'il était debout, pour chasser la colère. Si celle-ci ne le quitte pas, qu'il se couche[1]. »

1. Mentionné dans le : « musnad. » d'Ahmad, 5/152. Voir : « sahîh al-djâmi'. » n° 694*.

Un appel

Cet appel, je l'ai lancé le 17 juin 2016 en l'église Saint-Jean-Baptiste de Molenbeek. L'abbé de la paroisse avait invité les musulmans de la commune à un repas festif de rupture du jeûne en ce mois de ramadan.
Ce soir-là, je me suis adressé en particulier aux jeunes de la communauté musulmane, à ces jeunes qui sont à la recherche d'une identité, qui veulent donner un sens à leur vie et plaire à leur Dieu. À ces jeunes qui ont un esprit « guerrier », tant il est vrai que la vie est un combat :

« J'appelle les jeunes au jihad. Mais attention, pas n'importe lequel.
Je parle d'un jihad qui ne connaît pas la haine, pesant fardeau qui noircit les cœurs.
Je parle du plus beau, du plus vrai, du plus noble des combats : celui du jihad de l'amour.
Ce jihad qui incite à aller vers l'autre, à lui sourire et à exprimer pour lui respect et empathie.
Ce jihad qui n'impose pas sa vérité car, comme il est dit dans le Coran, "*lâ ikrâha fî-d-dîn*" : "nulle contrainte en religion".
Ce jihad qui désire aimer pour exister, étreindre l'autre pour éteindre les flammes de la rancœur.
Ce beau jihad devra se faire fleur à la main, pour de meilleurs lendemains, et non pas l'arme à la main.
Ce jihad de l'amour devrait être une réponse à ceux qui, au contraire, ont utilisé le nom de Dieu pour commettre le pire. »

Ce livre

C'est quoi, ce livre ?

Un poème.
Un hommage, une ode à Loubna.
Une réponse à l'humanité, pas à la folie.
L'expression d'une souffrance, mais aussi d'une résilience – par l'amour.
Amour, humanité, foi, je crois que tout est là.

J'espère qu'il fera du bien à tout le monde.
Mon souhait est de réconforter tous les cœurs.

On avance mieux en étant apaisé.
Il n'y a que le fou qui ne veut pas vivre en paix.

L'humanité

Comme mon humanité précède mon islamité, je mets logiquement au premier plan les valeurs humanistes.

Que mon père soit Adam ou que je sois le résultat de l'évolution, mon humanité implique trois valeurs fondamentales : la sacralité de la vie, le libre arbitre et le rapport fraternel avec les autres humains.

La sacralité de la vie implique de ne jamais vouloir porter atteinte à la vie d'autrui, pas plus que je ne souhaite qu'on mette un terme à la mienne. Et ce ne sont pas des divergences de point de vue ou de pensée, si profondes soient-elles, qui vont justifier le moindre homicide. Toute vie est sacrée.

Dans la vie, on est amené à faire des choix et à faire confiance à son instinct, à son intuition et à son intelligence. Il est évident que la critique est un élément indispensable de ces choix. Le libre arbitre est cette faculté de choisir son chemin dans la vie. On peut choisir de croire ou non, d'accepter ou non un mode de pensée. Le libre arbitre donne à l'esprit la liberté qui lui permet de s'épanouir et de développer une réflexion nettement plus intéressante, plus profonde. Sans libre arbitre on est comme cet âne mort de faim entre deux bottes de foin, incapable de choisir par laquelle commencer.

La fraternité consiste à dire : « Mon égal, mon frère en humanité que j'aime, je ne serai probablement pas en tout point d'accord avec toi, mais ce n'est pas grave. Cela ne nous empêchera pas de partager un repas, dans la bonne humeur et le respect. »

La politique

Je pense que ces principes devraient aussi s'appliquer dans le domaine politique. Toujours reconnaître que l'autre est avant tout un être humain. Cultiver l'empathie pour la perspective de l'autre, sans juger dans l'immédiat.

Je peux me placer aisément dans la situation d'un Palestinien ou d'un Israélien. Reconnaître les injustices que subissent les Palestiniens. Reconnaître que Gaza est devenu une prison à ciel ouvert. Reconnaître que les mots « colonies » et « colons », qui ne semblent choquer personne, nous ramènent à des heures sombres de l'Histoire.

En même temps, je peux me mettre dans la peau d'un Israélien et reconnaître qu'il est à la recherche des meilleures conditions de coexistence avec son voisin. Je peux reconnaître et commémorer la Shoah avec lui, respecter le devoir de mémoire, pour que cela ne se reproduise jamais. Mais je peux comprendre aussi les difficultés éprouvées par beaucoup de jeunes pour concilier l'attention portée à cette souffrance historique avec le silence qui entoure leur souffrance à eux, plus récente. Je peux reconnaître que la balle est dans mon camp.

Finalement, le discours de haine tenu du côté palestinien n'a d'autre effet que de conforter les extrémistes israéliens dans leur politique. L'extrémisme de l'un se nourrit de celui de l'autre et ça n'apporte rien. En définitive, le prix à payer s'exprime en vies humaines.

Chaque mort est un mort de trop, qu'il tombe du côté palestinien ou israélien. On ne pourra jamais justifier un attentat ou un bombardement. Telle est ma conviction de pacifiste. Il faut s'indigner et appeler au dialogue pour qu'une solution vivable soit trouvée. Il y a des gens de bonne volonté de part et d'autre. Il y a tant de ressemblances entre un Palestinien et un Israélien.

L'honnêteté

Ces valeurs fondamentales, appliquons-les aussi aux rapports entre l'homme et la femme.

Le Coran autorise la polygamie, mais autoriser ne veut pas dire encourager, loin de là. De nos jours, les musulmans d'Occident font en général des mariages d'amour, avec des rêves et des projets communs. Pourtant, au bout de quelques années, certains hommes trouvent la vie conjugale monotone et ont envie d'aller voir ailleurs. Alors ils invoquent une permission datant du VIIe siècle pour se déculpabiliser et pour légitimer leur conduite. Mais où sont passées leurs valeurs ? Où est leur honnêteté ? Quand ils se sont mariés avec une jeune fille, ils ne lui ont jamais dit que vingt ans plus tard, ils prendraient une deuxième femme. La fille leur aurait dit : « Tire-toi ! » Et elle aurait eu raison.

Donc, reconnaître la souffrance de l'épouse qui se voit soudain échangée contre une autre. Ne pas nier sa douleur par un appel commode à la piété. La prendre au sérieux au lieu de dire « oui, je sais, c'est dur, cette deuxième femme, mais tu iras au paradis ». Ce genre d'argument, c'est vraiment n'importe quoi. La comprendre si elle veut divorcer. On doit être clair et honnête dès le début.

La même chose vaut pour le port du voile. Ce n'est pas à l'homme d'imposer le voile, ni de s'y opposer. Puisque c'est la femme qui le porte et qui le vit, elle devrait avoir son mot à dire. Laissons aux femmes toute latitude de le défendre ou de s'y opposer, tout en les considérant comme des musulmanes à part entière, quoi qu'elles aient choisi.

La laïcité

La séparation de l'Église et de l'État, j'en suis tout à fait partisan. Pour moi, la politique est aux antipodes de la religion. Politique et religion n'ont rien à voir. La religion se situe principalement sur un axe vertical. La politique, sur un axe horizontal. Je souscris entièrement à cette conception de la laïcité.

En revanche, je n'aime pas cette nouvelle définition de la laïcité, qui cherche à condamner tout ce qui est religieux. Je pense que des gens comme Voltaire se retourneraient dans leur tombe s'ils entendaient les discours que certains, qui se prétendent humanistes, tiennent sur la laïcité. C'est une forme de fondamentalisme, impliquant l'exclusion de l'autre, voire de communautés entières. Et je suis contre tous les fondamentalismes, de n'importe quelle obédience. Sur le plan électoral, c'est peut-être intéressant, mais sur le plan humain et pour la société, c'est dramatique.

Prier

Dans le Rubbayat, le grand poète Omar Khayyam écrivait ce quatrain :

« Boire du vin et étreindre la beauté
Vaut mieux que l'hypocrisie du dévot ;
Si l'amoureux et si l'ivrogne sont voués à l'Enfer.
Personne, alors, ne verra la face du ciel. »

Je suis d'accord. Il y a des musulmans qui sont dans l'ostentation. À l'heure de la prière, ils s'arrêteraient même sur l'autoroute pour prendre tout le monde à témoin de la fréquence et de la ferveur de leurs prières.

Je pense qu'il ne faut pas heurter les autres par des manifestations de sa foi. Un certain équilibre, une certaine pudeur doivent être respectés. Je ne dois pas brandir ma religion comme un étendard. D'ailleurs, c'est un accessoire militaire, l'étendard.

Je ne vais plus à la mosquée pour l'instant, j'évite les foules, je ne les supporte pas très bien, mais la prière reste un moyen de communication verticale. Le fait de mettre sa vie entre parenthèses cinq fois par jour pour se tourner vers le haut, c'est comme une espèce de thérapie. On peut avoir tous les soucis du monde, mais quand on se vide, on transcende ses doutes et sa colère. On se tourne vers l'essentiel.

La nuit

J'avance, il fait nuit, il fait froid.
Je pense et soudain je suis ébloui et pris d'effroi.

Est-ce le bruit du silence ou la lumière des ténèbres
Qui me font voir et entendre en moi
Cette voix brillante de mille feux qui me chuchote ?

« La paix soit sur toi et sur l'humanité.
Aime ton prochain même s'il est mauvais.
Que chacun trouve le salut dans ses convictions, ses croyances, sa philosophie.

Vous avez tous le statut de héros lorsque vous œuvrez pour le bien.
Et vous êtes encore plus beaux lorsque vous vous donnez la main.
Je prie pour aujourd'hui et pour demain.
Humanité, n'oublie jamais que c'est à toi que j'appartiens.
Ensuite c'est vers le Tout-Puissant que je reviens.
Jamais du côté des injustes et des criminels tu ne seras,
Mais de l'homme bon, venu des quatre coins du monde, tu t'inspireras.
Bénie soit l'humanité.
Puisse l'amour triompher. »

L'amour

L'amour, ce qui m'anime et me pousse à vivre et à survivre.
L'amour, ce socle, cette base où toute foi devrait reposer.
L'amour, ce lieu où tout être humain devrait pouvoir se retrouver.
L'amour, ce point de départ de toute floraison.
L'amour, ce refuge pour l'âme triste qui se noie sous les larmes.
L'amour, ce sourire et cette étreinte, donnés à un inconnu déçu.

L'amour ne peut engendrer la haine
car de la joie ne peut surgir la peine.

L'amour ne connaît que miséricorde et pardon.
L'amour ne juge pas, l'amour est innocent.
L'amour s'exprime et il se ressent.
L'amour peut être intime et omniprésent.
L'amour n'est que partage et acceptation.
Si tu es amour, tu es de ma religion.

Le cœur de chaque homme est assez grand pour accueillir toute l'humanité.
Il nous suffit de l'ouvrir sans crainte.

Nos enfants devraient être baignés d'amour dès leur plus jeune âge.
Sans amour, pas d'épanouissement de l'enfant.
Sans épanouissement, il ne donnera pas d'amour quand il sera grand.

L'amour c'est notre assurance-vie, que l'on se doit de partager, et d'éprouver envers son frère en humanité. L'amour c'est la plus belle et la plus puissante des forces universelles, capable de redonner vie à l'âme la plus meurtrie. Soyons des prosélytes de l'amour, sans crainte de faire preuve d'excès de zèle.

Un jihad de l'amour

Une vie sans amour est comme un monde sans soleil.
J'ai besoin d'amour comme l'air que je respire.
Comme l'eau que je bois pour étancher ma soif.

Loubna,
Amour de ma vie,
Jusqu'à mon dernier souffle,
Tu seras dans mon esprit.

Rejoindre l'Éternel

Je m'égare dans mes passions,
Élevé par deux anges,
Je suis pris de convulsions étranges.
Au diable vos querelles, pauvres mortels,
Je m'en vais rejoindre l'Éternel.

Souffle de vie, je caresse le ciel.
Ta beauté me ravit, es-tu réel ?
Sur un parterre fleuri je me couche,
Je ne désire que ton miel pour effleurer ma bouche.

Vivre de plaisir sans faire de mal à autrui,
Vaut bien mieux que morale et mépris.

Coupable, je le suis d'avoir trop aimé la vie,
Innocent certainement, je n'ai pas fait couler le sang.

Être humain, c'est se reconnaître en l'autre,
Être divin, c'est se sentir un avec le cosmos et le créateur qui est le nôtre.
Apôtre du bien, voué à ne devenir rien. Fruit du péché,
La chaleur du soleil ne fera de toi qu'une figue séchée.

Soleil, illumine mon visage, il en a tant besoin.
J'ai peur de la nuit, elle arrive comme un mauvais présage.
Prends-moi dans tes bras, miséricorde d'Allah,
Prends-moi dans tes bras, frère d'Orient, d'Occident ou d'au-delà.

Envoi

Et si je n'avais pas vécu ce qui s'est passé
Et si on ne m'avait jamais offert de tribune
Et si on ne m'avait jamais donné l'occasion de m'exprimer,

Tu n'aurais jamais entendu ce que j'ai à dire.

Moi, conducteur de métro,
J'aurais été un de ces musulmans parmi tant d'autres,
Que tu n'entends pas,
Que tu ne vois pas,

Mais qui sont si nombreux.

Remerciements

Un jihad de l'amour réunit des textes écrits par Mohamed El Bachiri depuis les attentats du 22 mars 2016 et des propos recueillis par David Van Reybrouck au cours du long entretien qu'il a eu avec lui les 2 et 3 février 2017 dans les communes bruxelloises d'Anderlecht et de Molenbeek. Le montage de ces différents fragments a été réalisé par David Van Reybrouck. Celui-ci a également retravaillé la version originale traduite en néerlandais par Manik Sarkar. À la demande de Mohamed El Bachiri, certains textes ont été spécialement ajoutés pour l'édition française.

Les auteurs tiennent à remercier Fatima Zibouh pour son soutien tout au long de la rédaction de ce livre : sans elle, il n'aurait pu voir le jour. Merci à Jeanne Lefebvre pour son aide pratique. Mohamed El Bachiri tient à remercier expressément sa mère, son père, ses frères et sœurs pour leur soutien face à la perte qu'il a subie, et rendre hommage à sa belle-mère, la mère de Loubna, pour sa force, sa foi et son courage. Il témoigne aussi sa gratitude à tous ceux, habitants de Molenbeek ou anciens collègues de travail, qui l'ont réconforté et encouragé.

CET OUVRAGE A ÉTÉ COMPOSÉ
PAR PCA
POUR LE COMPTE DES ÉDITIONS J.-C. LATTÈS
17, RUE JACOB – 75006 PARIS

PAPIER À BASE DE FIBRES CERTIFIÉES

JC Lattès s'engage pour l'environnement en réduisant l'empreinte carbone de ses livres. Rendez-vous sur www.jclattes-durable.fr
L'empreinte carbone en éq. CO_2 de cet exemplaire est de 350 g

Dépôt légal : septembre 2017

Achevé d'imprimer en France en novembre 2019
par Dupliprint à Domont (95)
N° d'impression : 2019113657 - N° d'édition : 7843571/04